易达汉语系列教材

我的部首小字典

My Mini Radical Dictionary

主　　编：达世平
绘　　图：严克勤
英文审定：Dr. Holly Jacobs

北京语言大学出版社

（京）新登字 157 号

图书在版编目（CIP）数据

我的部首小字典/达世平主编．
—北京：北京语言大学出版社，2005 重印
ISBN 7－5619－1366－4

Ⅰ．我…
Ⅱ．达…
Ⅲ．汉字－对外汉语教学－习题
Ⅳ．H195.4－44

中国版本图书馆 CIP 数据核字（2004）第 098401 号

书　　名： 我的部首小字典
责任印制： 乔学军

出版发行： 北京语言大学出版社
社　　址： 北京市海淀区学院路 15 号　邮政编码 100083
网　　址： http://www.blcup.com
电　　话： 发行部　82303650/3591/3651
编辑部　82303395
读者服务部　82303653/3908
印　　刷： 北京北林印刷厂
经　　销： 全国新华书店

版　　次： 2004 年 10 月第 1 版　2005 年 11 月第 2 次印刷
开　　本： 787 毫米×1092 毫米　1/16　印张：2.75
字　　数： 67 千字　印数：5001－10000 册
书　　号： ISBN 7－5619－1366－4/H·04068
01500

编写说明

《我的部首小字典》是《易达汉语系列教材》之一种，是一本字典型的练习册。

它列出 122 个常用部首，配以象形插图，根据其意义分为四类，学习者可以将学到的生字按照部首分类填写在每个部首之下的空格中(示例的虚字要求学习者描实)。

这种可以记录学习者自身学习过程的设计思路，极大地强调了学生的自主性和独特性，因为每个学习者“编”出的字典都是不一样的，这种创造性的学习活动无疑可以极大地激发学习者的学习兴趣。不仅如此，学习者在自己编字典的过程中，通过翻看目录、索引并根据部首填写汉字，可以更深刻地掌握汉字的上下左右的间架结构、声旁义符的构字规律、笔画索引的检字方法。可以说，这是一本真正以学习者为中心的字典型练习册。

本书可以独立使用，同时，由于《易达汉语系列教材》提出了一套独特而有效的汉字学习方法，如果本书与该系列的其他教材配套使用，学习效果将会更加显著。

编　者

INTRODUCTION

My Mini Radical Dictionary is a part of the ***EazyChin Series for Learning Chinese***. It is an exercise book that is arranged in a way a dictionary works.

In this exercise book 122 most commonly used Chinese radicals are listed, most accompanied by pictures illustrating the key meaning of them. These radicals are classified into four categories by their meanings. You can fill in the blank with a new word that you have learned according to the radical to which each word belongs. Greyed-out characters are included as examples for the student to trace over for practice in writing.

Meanwhile *My Mini Radical Dictionary* is a learner-centered dictionary type exercise book in the sense that learners can compile their own Chinese radical dictionary as they make progress in learning Chinese. Each learner's mini dictionary will be different, as there is no one correct way to do it. Learners are thus freed to develop their special study techniques or systems for building their own dictionary. This increases learner's motivation and helps them maintain interest in learning characters. By searching the table of contents or the stroke index to look up radicals or add characters, learners become highly focused on the structure of characters (top/bottom, left/right, inside/outside) and identifying the radical. This process develops strong recognition of radicals, a skill essential to deciphering new characters and to using a standard Chinese dictionary.

This book can be used separately or together with other books of ***EazyChin Series for Learning Chinese.*** Since this series have developed a systemic learning method, it is highly recommended to use this book together with other books of this series.

Compiler

CONTENTS
目 录

1. Human-Related 与人有关

① People 人体 …… 1
人(亻)、女、母、大、立、子、儿、疒、尸、身

② Parts of the Body 器官 …… 4
口、舌、目、见、耳、页、自、齿、士、肉(月)、歹、卩

③ Language & Emotions 心理/语言 …… 8
言(讠)、曰、音、心(忄)、欠

④ Arms & Legs 手/足 …… 10
手(扌)、又、父、爪、攴(攵)、寸、殳、廾、
足、走、彳、止、辶、廴、夂、疋

2. The Natural Word 与自然有关

⑤ Weather & Nature 天文 …… 15
日、月、夕、雨、风、气、水(氵)、冫

⑥ Earth 地理 …… 17
火(灬)、山、石、土、田、里、阝、阝

⑦ Plants 植物 …… 20
木、竹、禾、米、艹、食(饣)、瓜、麻

⑧ Animals 动物 …… 24
马、牛、羊、犬(犭)、虫、豸、龙、虍、羽、鸟、隹、鱼、毛

3. Manmade Things 与物有关

⑨ Buildings 建筑 …… 27
广、厂、门、户、宀、穴、口

⑩ Clothing 衣着 …… 29
衣(衤)、巾、革、皮、糸(纟)

⑪ Tools, Weapons & Transportation 工具武器 …… 30
工、刀(刂、⺈)、力、方、斤、片、网(罒)、耒、冖、
弓、矢、戈、角、车、舟、瓦

⑫ Metals & Utensils 金玉器皿 …… 34
矢、贝、玉(王)、金(钅)、皿、酉

4. Other 其他

Miscellaneous 其他 …… 37
示(礻)、彡、十、八、小、勹、青、黑

RADICAL STROKE INDEX
部首笔画索引

二画
2 strokes

十 37
厂 27
刂(刀) 31
亻(人) 1
八 37
人 1
勹 38
儿 3
冫 17
冖 32
讠(言) 8
卩 7
阝 20
刀 31
力 31
又 11
廴 14

三画
3 Strokes

工 30
土 19
士 6
艹 23
廾 12
大 2
扌(手) 10
寸 12
小 38
口 4
囗 28
巾 29
山 18
彳 13
彡 37
犭(犬) 24
夕 15
夂 14
饣(食) 23
广 27
门 27
氵(水) 16
忄(心) 9
宀 28
辶 14
尸 3
弓 33
女 2
子 3
纟(糸) 30
马 24

四画
4 Strokes

王 35
木 20
犬 24
歹 7
车 34
戈 33
瓦 34
止 13
支 12
日 15
曰 8
水 16
贝 35
见 5
牛 24
手 10
毛 26
气 16
攵(攴) 12
片 32
斤 32
爪 12
父 11
月 15
(肉) 7
欠 9
风 16
殳 12
方 32
火 18
灬(火) 18
户 27
礻(示) 37
心 9

五画
5 Strokes

示 37
石 18
龙 25
目 5
田 19
罒 32
皿 36
钅(金) 36
矢 33
禾 22
瓜 23
鸟 26
疒 3
立 2
穴 28
衤(衣) 29
疋 14
皮 29
母 2

六画
6 Strokes

耒 32
耳 6
页 6
虍 25
虫 25
缶 34
舌 5
竹 22
自 6
舟 34
衣 29
羊 24
米 22
羽 25
糸 30

七画
7 Strokes

走 13
車 34
酉 36
里 19
貝 35
見 5
足 13
身 3
豸 25
角 33
言 8

八画
8 Srokes

青 38
雨 16
齿 6
隹 26
金 36
鱼 26
門 27

九画以上
more than 9 Strokes

音 8
革 29
頁 6
食 23
風 16
馬 24
麻 23
鳥 26
魚 26
黑 38
齒 6
龍 25

rén　(dān rén páng)
（单人旁）

人　亻

person　*human-related*

tā	cóng
他	从
he, him	*follow, from*

nǚ

女

woman

nǚ zì páng — 女字旁

nǚ zì dǐ — 女字底

woman-related

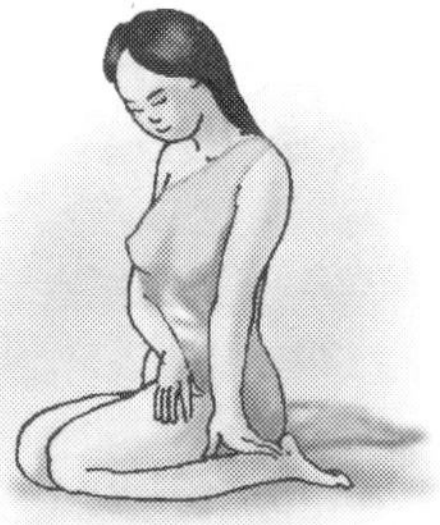

mǔ

母

mother

tā	pó
她	婆
she, her	*grandma*

dà

大

big

lì

立

stand

tiān	zhàn
天	站
sky, day	*stand*

zǐ
子
zǐ zì páng
child 子字旁
zǐ zì dǐ
子字底
child-related

hái	xué		
孩	学		
child	*learn*		

ér
儿(兒)
ér zì dǐ
son, child 儿字底
person-related

xiōng			
兄			
elder brother			

(bìng zì tóu)
(病字头)
疒
sickness-related

bìng			
病			
sick			

shī
尸(屍)
shī zì tóu
corpse 尸字头
body- or building-related

wěi	wū		
尾	屋		
tail	*room*		

shēn
身
shēn zì páng
body 身字旁
body-related

duǒ
躲
hide

kǒu

口

mouth

kǒu zì páng

口字旁

kǒu zì dǐ

口字底

mouth-related

chī 吃 *eat*	tūn 吞 *swallow*						

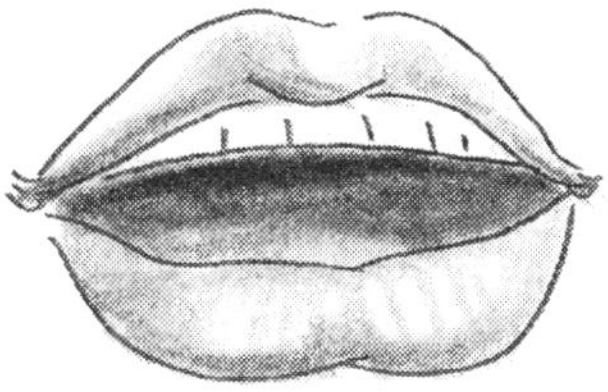

shé

舌

tongue

shé zì páng

舌字旁

tongue-related

tián 甜 *sweet*				

mù

目

eye

mù zì páng

目字旁

eye-related

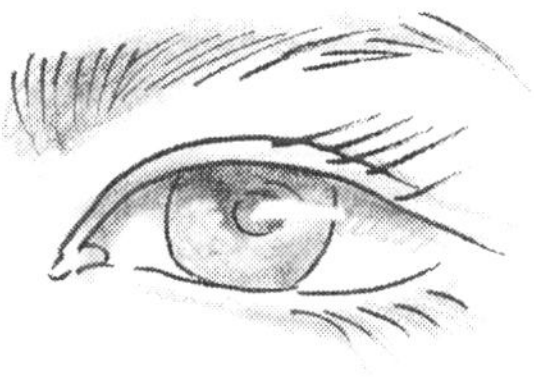

kàn 看 *look*	shuì 睡 *sleep*			

jiàn

见(見)

see

jiàn zì páng

见字旁

seeing-related

ěr

耳

ěr zì páng

ear 耳字旁

ear-related

yè

页（頁）

yè zì páng

page 页字旁

head-related

liáo
聊
chat

zì

自

zì zì tóu

oneself 自字头

nose-related

chòu
臭
smelly

chǐ

齿（齒）

chǐ zì páng

teeth 齿字旁

tooth-related

shì

士

shì bù

bachelor 士部

person-related

ròu 肉 *meat*

yuè 月 *body-related*

yuè zì páng
月字旁

dǔi 歹 *bad*

dǎi zì páng
歹字旁
bone-related

dù 肚 *belly*

wèi 胃 *stomach*

sǐ 死 *die*

(yìng' ěr páng)
(硬耳旁)

卩

person-related

yán

言

speech

(yán zì páng)
(言字旁)

讠

speech-related

shuō

说

speak

yuē

曰

speak

yīn

音

voice, sound

xīn

心

heart

xīn zì dǐ

心字底

feel-related

(shù xīn páng)

(竖心旁)

忄

emotion-related

qiàn

欠

yawn, owe

máng 忙 *busy*	xiǎng 想 *think*						gē 歌 *song*

shǒu 手 *hand*	shǒu zì dǐ 手字底 *hand-related*	(tí shǒu páng) (提手旁) 扌 *hand-related*

dǎ 打 *hit*	ná 拿 *take*						

yòu
又
again
hand-related

qǔ
取
get

fù
父
father
fù zì tóu
父字头
adult mate-related

zhuǎ

爪

claw

zhuǎ zì dǐ

爪字底

claw-related

pá			
爬 *climb*			

pū (fǎn wén páng)

(反文旁)

攴 攵

hand-related

fàng	qiāo		
放 *put down*	敲 *hit*		

cùn

寸

a unit of length (=1/3 decimeter)

hand-related

shū

殳

hand-related

gǒng

廾

hand-related

zú
足
foot

zú zì páng
足字旁
foot-related

zǒu
走
walk

zǒu zì dǐ
走字底
running-related

pǎo
跑
run

qǐ
起
get up

(shuāng rén páng)
(双人旁)
彳
walking- or road-related

zhǐ
止
stop

zhǐ bù
止部
foot-related

xíng
行
walk

cǐ
此
here

(zǒu zhī dǐ)
(走之底)

辶

walking- or road-related

(jiàn zì dǐ)
(建字底)

廴

walking-related

dào
道
way

jiàn
建
build

suī

夊

walking-related

shū

疋

walking-related

rì
日
sun, day

rì zì páng
日字旁

rì zì tóu
日字头

time-, weather- & light-related

míng 明 *bright*	zǎo 早 *morning*						

yuè
月
moon

yuè zì páng
月字旁
time-related

xī
夕
sunset, night

xī bù
夕部
night-related

qī 期 *a period of time*				yè 夜 *night*			

yǔ

雨

yǔ zì tóu

rain 雨字头

léi

雷

thunder

shuǐ

水

shuǐ zì dǐ

水字底

water *water-related*

(sān diǎn shuǐ)

(三点水)

氵

water-related

jiāng

江

river

quán

泉

spring

fēng

风(風)

wind

wind-related

piāo

飘

flow

qì

气(氣)

air qì zì tóu

气字头

yǎng

氧

oxygen

(liǎng diǎn shuǐ)
(两点水)

冫

ice

cold-related

bīng	hán
冰	寒
ice	*cold*

huǒ

火

fire

huǒ zì páng

火字旁

(sì diǎn dǐ)

(四点底)

灬

fire-related

pào	zhào		
炮 *cannon*	照 *shine*		

shān

山

mountain

shān zì páng

山字旁

mountain-related

fēng			
峰 *peak*			

shí

石

rock, stone

shí zì páng

石字旁

rock- or stone-related

yìng			
硬 *hard*			

tǔ
土

soil, land

tí tǔ páng
提土旁
soil- or land-related

pō
坡
slope

tián
田

cultivated field

field-related

nán
男
man

lǐ
里(裡)

neighborhood, Chinese mile, inside

field-related

yě
野
field

zuǒ ěr páng
(左耳旁)

阝

mountain- or area-related

jiàng
降
fall, drop

mù

木

tree, wood

lín
林
woods

lí
梨
pear

(yòu ěr páng)
(右耳旁)

阝

city- or place-related

dū
都
city

mù zì páng　　mù zì dǐ
木字旁　　木字底

lǐ
李
plum

zhú 竹 *bamboo* zhú zì tóu 竹字头 *bamboo-related*	hé 禾 *rice plant* hé mù páng 禾木旁 *grain-related*	mǐ 米 *uncooked rice* mǐ zì páng 米字旁 *rice-related*
guǎn 管 *tube, manage*	qiū 秋 *autumn*	fěn 粉 *powder*

(cǎo zì tóu)
(草字头)

艹 (艸)

grass- or plant-related

cǎo
草
grass

shí　(shí zì páng)
(食字旁)

食　饣

food　food-related

cān
餐
food

guā
瓜
melon

melon-related

piáo
瓢
dipper, ladle

má
麻
hemp, numb

radical for sound part

mó
磨
grind

mǎ

马(馬)

mǎ zì páng

horse 马字旁

house-related

quǎn (fǎn quǎn páng)

(反犬旁)

犬 犭

dog *animal-related*

gǒu

狗

dog

niú

牛

cow niú zì páng

牛字旁

cow-related

yáng

羊

goat, sheep yáng zì tóu

羊字头

sheep- or goat-related

mù

牧

herd

měi

美

pretty

chóng
虫（蟲）
insect, worm

chóng zì páng
虫字旁
insect-, worm- or animal-related

shé
蛇
snake

zhì
豸
wolf-related

chái
豺
hyena

lóng
龙（龍）
dragon

radical for sound part

（hǔ zì tóu）
（虎字头）
虍
tiger-related

hǔ
虎
tiger

yǔ
羽
feather

yǔ bù
羽部
feather-related

niǎo
鸟(鳥)
bird

niǎo zì páng
鸟字旁
bird-related

zhuī
隹
bird-related

zhuī bù
隹部

yā
鸭
duck

què
雀
sparrow

yú
鱼(魚)
fish

yú zì páng
鱼字旁
fish-related

máo
毛
hair, fur, wool

máo zì páng
毛字旁
fur-related

xiān
鲜
fresh, tasty

tǎn
毯
blanket

chǎng

厂 (廠)

factory

chǎng zì tóu
厂字头
building-related

cè
厕
toilet

guǎng

广 (廣)

wide

guǎng zì tóu
广字头
building-related

diàn
店
shop

mén

门 (門)

door

mén zì kuāng
门字框
door-related

hù

户

door, family

hù zì tóu
户字头
building-related

fáng
房
house

(bǎo gài tóu)
(宝盖头)
宀
building-related

xué
穴
hole, cave
xué zì tóu
穴字头
hole-related

ān
安
peace

kōng
空
empty

(dà kǒu kuāng)
(大口框)
囗
boundary-related

quān
圈
circle

yī 衣 clothing

yī zì páng 衤 cloth-related

bèi 被 quilt, by

dài 袋 sack

gé 革 leather

gé zì páng 革字旁 leather-related

xié 鞋 shoe

pí 皮 skin, leather

radical for sound part

jīn 巾 a piece of cloth

jīn zì páng 巾字旁 cloth-related

dài 带 belt

pà 帕 handkerchief

(jiǎo sī dǐ)
(绞丝底)

糸

textile- or color-related

(jiǎo sī páng)
(绞丝旁)

纟

textile- or color-related

hóng	jǐn
红	紧
red	*tight*

gōng

工

work

gōng zì páng
工字旁
work-related

qiǎo
巧
skillful

dāo (lì dāo páng)
(立刀旁)

刀 刂 ⺈

knife *knife-related*

dāo zì tóu
刀字头

lì

力

lì zì páng
力字旁

power, strength *effort-related*

fēn 分 *separate*	kè 刻 *carve*				gōng 功 *skill*	yǒng 勇 *brave*	
tù 兔 *rabbit*							

fāng

方

square, place

fāng zì páng
方字旁
flag-related
radical for sound part

qí
旗
flag

jīn

斤

ax, measurement

jīn zì páng
斤字旁
cut-related

piàn

片

piece

piàn zì páng
片字旁
piece-related

wǎng (sì zì tóu)
(四字头)

网 罒

net

net- or guilt-related

lěi

耒

plow

lěi zì páng
耒字旁
farming-related

(tū bǎo gài)
(秃宝盖)

冖

cover-related

gōng
弓
bow
gōng zì páng
弓字旁
bow-related

yǐn
引
guide

shǐ
矢
arrow
shǐ zì páng
矢字旁
short-related

ǎi
矮
short

gē
戈
spear
gē zì páng
戈字旁
weapon-related

chéng
成
succeed

jiǎo
角
horn, angle, corner
jiǎo bù
角部
horn-related

jiě
解
separate

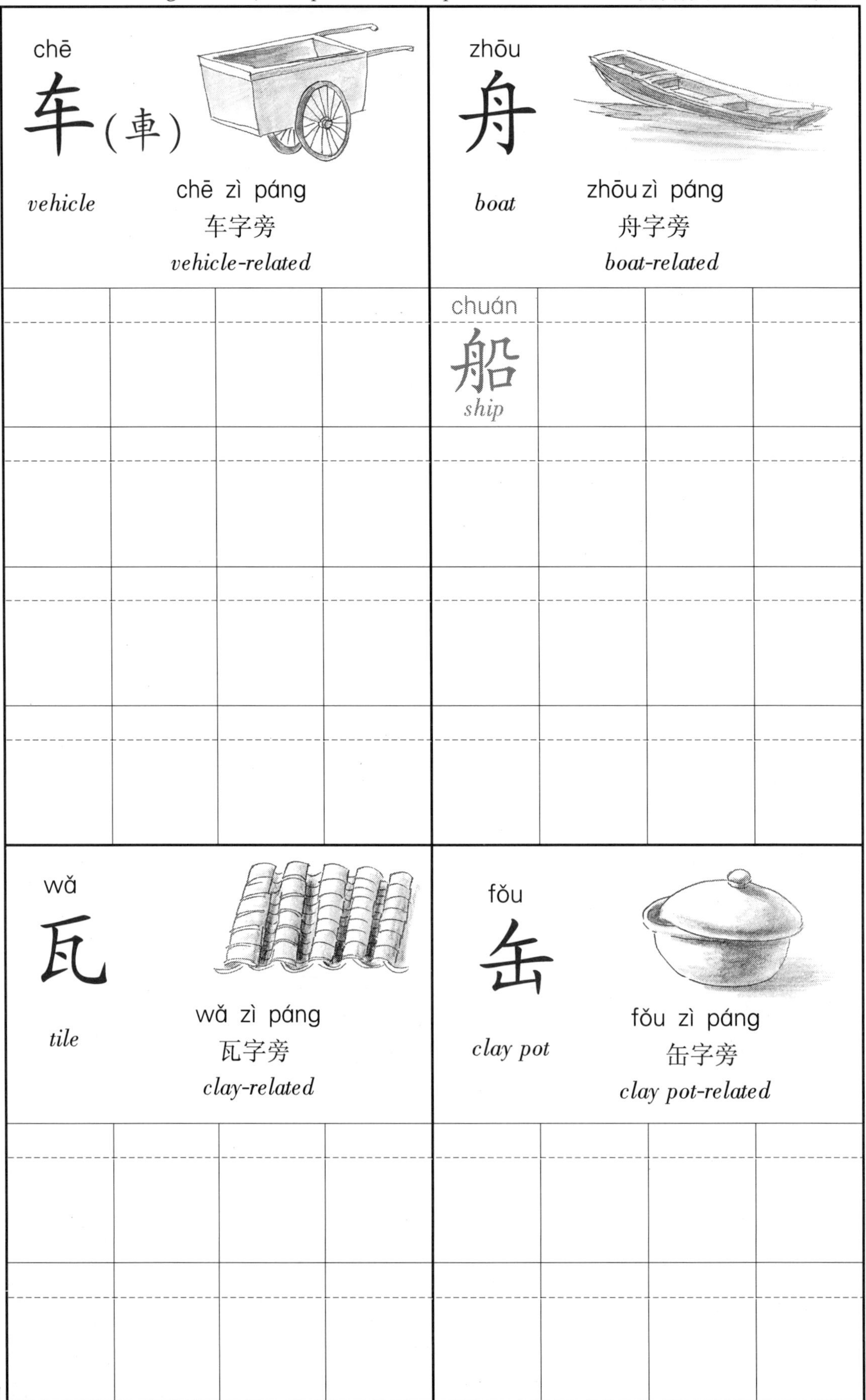
chē
车(車)
vehicle
chē zì páng
车字旁
vehicle-related
zhōu
舟
boat
zhōu zì páng
舟字旁
boat-related
chuán
船
ship
wǎ
瓦
tile
wǎ zì páng
瓦字旁
clay-related
fǒu
缶
clay pot
fǒu zì páng
缶字旁
clay pot-related

bèi

贝 (貝)

shell

bèi zì páng
贝字旁

money- & property-related

wáng yù

王 玉

king *jade*

wáng zì páng
王字旁
jade-related

lǐ
理
principle

jīn

金

gold, metal

(jīn zì páng)
(金字旁)

钅

metal-related

mǐn

皿

utensil

mǐn zì dǐ
皿字底
utensil-related

yǒu

酉

yǒu zì páng
酉字旁

wine- & fermentation-related

pén
盆
basin

jiǔ
酒
wine

xǐng
醒
wake

shì (shì zì páng)
(示字旁)

示 礻

show
示字旁
ghost- & God-related

zhù
祝
wish

(sān piěr)
(三撇儿)

彡

shape-related

bā (bā zì dǐ) (bā zì tóu)
(八字底) (八字头)

八 八 丷

eight *hand- or separation-related*

bàn 半 *half*
fēn 分 *separate*
bīng 兵 *soldier*

shí
十
ten

xiǎo

小

small

bāo

勹

qīng

青

green, blue, black
radical for sound part

hēi

黑

black